まえがき

　本シリーズは「どうしたらできるようになるのか」「どうしたらうまくなるのか」という子どもの願いに応えるために，教師が知っておきたい「『運動と指導』のポイント」をわかりやすく示している。

　その特徴は「写真」にある。「写真」を使って運動の経過やつまずきを示すことで，動きと運動のポイントが明確になるようにしている。絵では示し得ない運動の姿をリアルに描き出し，それを日々の授業に役立てていただけることを願ってまとめている。

　このシリーズは，小学校における体育科の内容を考慮し，**「鉄棒」「マット」「とび箱」「ボール」「水泳」「陸上」「なわとび」「体つくり」**の８巻で構成している。それを筑波大学附属小学校の体育部並びに体育部 OB で分担，執筆した。

　各巻の中で取り扱う運動は，系統と適時性を考慮して配列し，基礎的な運動からその発展までを系統樹として巻頭に示した。

　本書は，このシリーズのなかの**「体つくり」**である。

　こんにち，子どもたちの体力低下や運動嫌い，運動離れが問題となっており，小学校体育ではこうした課題の解決に向けて「体つくり運動」が全学年で実施されるようになった。本書で，そこで扱う運動を多く紹介している。

　低・中学年では，子どもたちに多種多様な運動経験を積ませることによって，様々な運動感覚・技能を身につけさせていきたい。一方，高学年では，体力向上，運動能力向上に直接結びついていく運動を取り入れていく。

　なお，運動をただ経験させるだけではなく，「できる」ことを積み重ねていくことによって，子どもたちは運動に積極的に取り組むようになり，結果として体力や運動能力が向上していくと考えている。

　本書で示した内容が，子どもたちの実態を踏まえた指導や授業づくりの参考になれば幸いである。

　最後に，本書の出版にご尽力いただいた多くの関係諸氏に心よりお礼を申し上げたい。

体つくりの授業づくり 10のコツ

1. 動きづくり，感覚づくりの視点を忘れずに

「体つくり運動」が導入された背景の一つに，子どもたちの体力低下がある。そのため，学習指導要領では1学年から「体つくり運動」が位置づけられ，6年間取り組むことになっている。とはいえ，ただ子どもたちに運動させるだけでは十分な効果は上がらない。目の前の子どもたちに不足している動きを，意識して積極的に取り入れていく必要がある。

「体つくり運動」には，他のどの領域にも位置づけられないが，子どもたちに経験させたり身につけさせたりしたい動きが配列されている。そこで，他の各領域に関連を持たせて取り入れることによって，それが子どもたちの動きづくりや感覚づくりになり，また体力向上につながっていく。

2. 複数教材を扱おう

1回の授業の中で1つの運動だけに取り組むのではなく，複数の教材を組み合わせて行うことが大切である。45分間同じ運動に取り組んでいると授業が単調になってしまい，子どもたちが飽きてしまうことがある。集中力が低下すれば，学習の効果は現れにくくなり，ケガや事故も起きやすくなる。メリハリをつけるためにも，1時間の授業の中で複数の教材を扱うようにするとよい。

3. 授業の回数を確保しよう

ある一つの運動に取り組む総時間数は同じであっても，1回に長い時間をかけて短期間で終えるより，1回を短い時間にして長期間繰り返し取り組む方が，運動の効果が現れやすい。したがって，例えば45分×5回の授業計画よりも，20分×10回程度のような授業計画を立てるとよい。

4. 伸びがわかる課題を設定しよう

学習指導要領には「体つくり運動」の技能について触れられていないが，運動を通して何らかの技能が獲得されることは必要なことである。また，授業であるので，子どもたちに目的もなくただ運動をやらせるのではなく，自分の伸びが自分でわかるような教材を用意したい。できる回数が増えた，速くなったなどは客観的に自分の伸びが分かるので，達成感を味わうことができる。

5. 生活化できる運動教材を取り入れよう

「体つくり運動」導入のねらいの一つは，子どもたちに運動の習慣を身につけさせるところにある。そのため，子どもたちが取り組んだ運動を授業の中だけで終わりにしたくはない。休み時間や放課後に，子どもたちが自発的に行うようになることが理想である。そうした運動教材が望ましい。

6．仲間とのかかわりや協力の機会を保障しよう

　子どもたちに多くの運動を経験させようとして多様な運動の場を設定してしまうと，個人単位で取り組むようになり，仲間とのかかわりや協力の機会が失われてしまう。そこで，仲間と共通の課題を設定するようにする。そうすると，動きのポイントやつまずきも共有しやすいので，仲間とのかかわりが生まれてくる。たとえ，運動する場所をローテーションする学習スタイルであっても，少なくともペアか4人グループで取り組むようにしたい。

7．ゲーム化しよう

　同じ運動を繰り返していると，子どもたちの意欲が低下することがある。しかし，同じ運動であってもそこに競争（ゲーム）の要素を取り入れることで，子どもたちの意欲は高まり，ときには必死にもなる。その競争は，単なる速さや強さだけを競うものではなく，ジャンケンなど偶然性のある，すなわち勝敗の不確定性が担保された競争でなければならない。子どもが楽しいと思うことをうまく取り入れることができれば，同じ運動でも繰り返し取り組ませることができる。

8．取り組みやすい運動を扱おう

　効果的な運動であっても，特別な環境が必要であったり特殊な道具を使わなければならないものは，授業で扱う教材としては好ましくない。前述5．の生活化にも関わることであるが，いつでもどこでもだれでも取り組める運動がよい。その内容に系統性があるものであれば，学年を追って指導することができる。

9．子どもの実態に応じた運動を扱おう

　あくまで目の前の子どもたちの実態に合わせた運動を用意する必要がある。子どもの運動経験が足りない場合には，その運動の前段階の運動を扱う必要があり，すでに身についているものであれば無理してそれを扱う必要はない。資料等に載っているからといって必ず扱うというのではなく，子どもたちにとって必要な動きを経験させ，身につけさせることを最優先に選択すべきである。

10．体力テストの結果をよくするための授業ではない

　現在は，体力テストの結果によって子どもたちの「体力」が測られている。しかし，子どもの体力は，あくまで様々な運動を経験することにより結果として高まっていくことが望ましいのであって，体力テストの数値を上げるための教材や授業であってはならない。

体つくりの系統樹

学年	全身の力や敏捷性を高める運動	上体の力や逆さ感覚・高所感覚などを高める運動
高	馬とび P16 ・ 人運び P19 ・ 続けて走る P22	壁逆立ち P28 ・ 三点倒立 P29 ・ 連続逆立ち・補助倒立 P30 ・ 組み立て運動 P31 ・ とび上がり・とび下り P40
中	馬とび2 P17 ・ 二人組の運動 P20 ・ ケンケンずもう・バランスくずし P18 ・ 両足ジャンプ P21	かえるの足うち P27 ・ 頭つき逆立ち P27 ・ ロープ登り P32 ・ ターザン P33 ・ おさるのしっぽ P34 ・ ライオンとターザン P35
低	動物歩き P10 ・ おりかえし形式 P12 ・ いろいろなかけっこ P14 ・ ケンケン・スキップ P15	おんぶ・手押し車 P24 ・ よじ登り逆立ち P26 ・ ダンゴ虫 P36 ・ ふとんほし・こうもり P37 ・ 遊具遊び P38

| 用具を操作する力や巧緻性を高める運動 | 体の柔らかさを高める運動 仲間と交流する運動 |

- ダブルダッチ　P46
- 短なわとび　P48
- 2人とび・人数とび・2拍子とび　P49
- 組み合わせ長なわとび　P50
- 二人組バウンドキャッチ　P55
- 前転ボール捕り　P56
- 馬とびボール捕り　P57
- リング　P58
- Gボール　P60
- 長なわとび　P44
- ボールを投げる・捕る　P51
- 投げ上げキャッチ　P52
- キャッチボール　P53
- どこまでキャッチ　P54
- ボールをける　P61
- ボールタッチ　P62

- ストレッチ　P64
- グランドキャニオン　P68
- なわとびリレー　P69
- ムカデ歩き・トンネルくぐり・ジャンプボール　P70
- ブリッジ　P66
- ひっこぬき　P67

目次

◇まえがき	1
◇体つくりの授業づくり10のコツ	2・3
◇体つくりの系統樹	4・5

Ⅰ．全身の力や敏捷性を高める運動

■動物歩き	10
■おりかえし形式	12
■いろいろなかけっこ	14
■ケンケン・スキップ	15
■馬とび	16
■馬とび2	17
■ケンケンずもう・バランスくずし	18
■人運び	19
■2人組の運動	20
■両足ジャンプ	21
■続けて走る	22

Ⅱ．上体の力や逆さ感覚・高所感覚などを高める運動

■おんぶ・手押し車	24
■カエルの足うち	25
■よじ登り逆立ち	26
■頭つき逆立ち	27
■壁逆立ち	28
■三点倒立	29
■連続逆立ち・補助倒立	30
■組み立て運動	31
■ロープ登り	32
■ターザン	33
■おさるのしっぽ	34
■ライオンとターザン	35
■ダンゴ虫	36
■ふとんほしジャンケン・こうもりジャンケン	37
■遊具遊び（肋木・ジャングルジム・登り棒・平均台）	38
■とび上がり・とび下り	40

III. 用具を操作する力や巧緻性を高める運動

- ■短なわ種目とび　42
- ■長なわとび　44
- ■ダブルダッチ　46
- ■短なわ2人とび　48
- ■2人とび・人数とび・2拍子とび　49
- ■組み合わせ長なわとび　50
- ■ボールを投げる・捕る　51
- ■投げ上げキャッチ　52
- ■キャッチボール　53
- ■どこまでキャッチ　54
- ■2人組バウンドキャッチ　55
- ■前転ボール捕り　56
- ■馬とびボール捕り　57
- ■リング　58
- ■Gボール　60
- ■ボールをける　61
- ■ボールタッチ　62

IV. 体の柔らかさを高める運動、仲間と交流する運動

- ■ストレッチ　64
- ■ブリッジ　66
- ■ひっこぬき　67
- ■グランドキャニオン　68
- ■なわとびリレー　69
- ■ムカデ歩き・トンネルくぐり・ジャンプリレー　70

V. 体つくりの授業実践例

- ■マットを使ったおりかえし　72
- ■ボールを使ったおりかえし　74
- ■ジャンケンゲーム　76
- ■入れ替え戦方式　77
- ■サーキット形式　78
- 　［学習カード］短なわ種目跳び　79

Ⅰ. 全身の力や敏捷性を高める運動

全身の力や敏捷性を高める運動
動物歩き

低・中

運動のポイント

■**クマ歩き**■　ゆっくりとした動きで、手足が一緒の動きと逆の動きの両方を行う。

前を見て歩く

手と反対の足を前に

腰を高く上げる

■**クマ走り**■　腰の位置を高く保ち、手と足で走る。太鼓で「トトトト」とリズムを打つ。

腰の位置を高く

スピードをつけて走る

手は引きずらない

■**クモ歩き**■　背を床に向け、足の方向に進む。手足を協応させながらスピードを上げる。

つまずく動きと指導のポイント

前を見て、出した手と
反対の足を前に

腰を高く上げる

●おしりを引きずってしまう

■**後ろクモ歩き**■　手の方向に進む。

後頭部を進む方向に向ける

手でしっかり床を押す

補助で腰を持ち上げる

動物歩きは、子どもたちにとって、模倣の要素を含んだ楽しい運動である。腕支持感覚や逆さ感覚、手足の協応動作を身につけるのに適した運動である。

■うさぎとび■　太鼓で「トンカン・トンカン」とリズムを打つ（p.13参照）。

手を前方に突き出し
両足で踏みきる

体を投げ出し
手も足も床から離す

手で床を押し、足を手の位置
まで引きつける

■カエルとび■　うさぎとびと同様のリズムを打つ。

足を開いて手を前に突き出す　　手・足、手・足のリズム

足は手の外側に出す

■アザラシ歩き■　うつぶせの姿勢から肘を伸ばして腕だけで進む。

つまずく動き

手を交互に前に出し、足を引きずって進む

●肘や膝が曲がってしまう

■カンガルー■　両足ジャンプで進む。

つまずく動きと指導のポイント

手でバランスをとりながら　　両足一緒にジャンプ

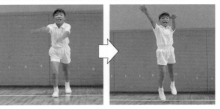
●足がずれ、一緒にとべない
　⇒その場でゆっくりとばせる
　⇒帽子を膝にはさませる

全身の力や敏捷性を高める運動
おりかえし形式

低・中

　おりかえし形式とは、10m程度の距離を往復する運動形式である。動きの質の異なる様々な運動を短時間で扱うことができ、全員に一定の運動量を保障できる。何回繰り返しても子どもたちは意欲的に取り組むので、動物歩きで行えば、腕支持感覚やつんのめりの感覚、手足の協応動作などを短い間で身につけさせることができる。

運動の行い方

　はじめは、列ごとに運動の方法やポイントの確認を行う。慣れてきたら競走やリレー形式にするとよい。その場合は、競争の結果だけを評価するのではなく、応援のしかたやきちんとしたタッチなども評価するといっそう盛り上がる。

グループごとに並ぶ

合図でスタートする

おりかえしのラインまで進む

帰りは走ってくる

ゴールしたら全員で手を上げる

リレーはタッチを正確に

待っている子は応援する

おりかえし形式を使って行うおりかえしの運動は、そこに子どもたちに身につけさせたい技能や感覚を組み込むことができ様々な領域につながるので、低学年では重点的に扱い、動きづくり・感覚づくりに活かしていく。高学年であっても、様々な動きを身につけさせたい場合には、ぜひ行いたい運動である。

指導のポイント

◆正確な動作や大きな動作の子を見せる

・10mをうさぎとび何回で行けるか
・体の投げ出しとしっかりした腕支持、手のかき動作がポイント

◆左右のケンケンをいれる

・ケンケンをいれるときは、行きと帰りで足を変えて行わせる

◆リズムを刻む

動きを身につけていく上で「動きのリズム」が重要になる。そのリズムを教師が太鼓を使って刻むとよい。また、太鼓の音によって雰囲気を盛り上げることもできる。

トントントン（連打）　　　　　　　　　　　カンカンカン

トン・カン　　　　　　　　　　　　　　　トン・カン

2つの音を使い分けると動きにメリハリがつく

全身の力や敏捷性を高める運動
いろいろなかけっこ

低

　全力を出して走る経験を多く積ませておきたい。はじめから長い距離を走るのではなく、10m程度の距離をスピードを落とさずに全力で走らせる。また、いろいろな姿勢から素早くスタートすることも経験させたい。

運動のポイント

「よーい」でかまえ

合図でスタートする

ゴールラインまで全力で走る

■いろいろなかけっこ■

後ろ走り　　　　　　大股走　　　　　　ギャロップ（ツーステップ）

転倒に注意

少ない歩数でゴールする

リズムよく

■いろいろな姿勢からスタート■　合図で素早くスタートする。

後ろ向き　　　　　座位（前長座）　　　　座位（後ろ長座）

走る姿勢に移るとき、バランスを崩さないようにする

うつぶせ（前）　　うつぶせ（後ろ）　　あおむけ（前）　　あおむけ（後ろ）

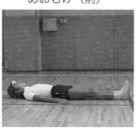
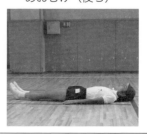

全身の力や敏捷性を高める運動
ケンケン、スキップ

低

運動のポイント

■ケンケン■　ケンケンは脚力を高めるのに非常に有効な運動である。低学年ではすぐに反対の足を地面についてしまうため、10m程度の距離を同じ足で進めるようにしたい。また、左右それぞれの足でバランスよく行えるとよい。

片足でジャンプする

ジャンプに合わせて
両腕を引き上げる

両足ともできるようにする

ケンパー　リズムよく前に進む　　　　**ケングー**　リズムよく前に進む

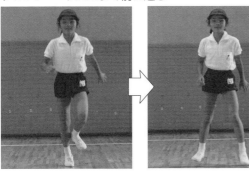
　　ケン　　　　　　　　パー

　　ケン　　　　　　　　グー

　リズムを変えて「ケン・ケン・パー（グー）」「ケン・ケン・ケン・パー（グー）」などとするとバリエーションが増える。その際は、ケンステップ（足をつく目印となるマーク）を置くと分かりやすい。

■スキップ■　リズムよく前に進めるようにさせたい。両腕を上下に振りながら進むとマット運動のホップの動作につながる。

片足を高く上げる

両腕も一緒に上げる

できるだけ高くとぶ

全身の力や敏捷性を高める運動

馬とび

中・高

　馬とびは2人で行う運動である。仲間のつくる馬が強くて丈夫ならば、安心して取り組むことができる。とび越しの指導とともに、正しい馬の作り方と馬の大切さを理解させることを忘れてはならない。体格が同じくらいの者どうしを組ませるとよい。

運動のポイント

馬の背中の中央に手をつき、指を開き指先に力を入れる	膝と肘を曲げてから踏み切る	肩を前に出して、手で馬を押す	両手が足の間に見えるように後ろへ押す

■階段馬とび■　能力に応じて高さに変化をつける。

1の馬　　　　　　　　　　2の馬　　　　　　　　　　3の馬　　　　　　　　　　4の馬

肩幅に手と膝を床につく。頭は引っ込め、背中を平らにする	足は肩幅より広く、手は床につける	足は肩幅よりやや広く、足首を手で持ち、肘を伸ばす	足は肩幅よりやや広く、膝に手をつき、肘を伸ばす

つまずく動きと指導のポイント

●手を背中から離してしまう　　●肘をつっぱってしまい前へ体を投げ出せない　　　　　　上腕を持って補助する

全身の力や敏捷性を高める運動
馬とび2

中・高

　全員が3や4の馬までとべるようになったら「30秒馬とび」に挑戦させる。また、4～5人で馬をとんだ人が順番に馬になって一定距離を連続でとぶ「連続馬とび」や、馬の位置からどこまでとべるかを競う「どこまで馬とび」を行う。敏捷性や巧緻性が養われる。学習カードに記録を続けることで、伸びが確認できる。

運動のポイント

■30秒馬とび■　30秒間にできるだけ多く馬をとぶ。

合図で始める

手でしっかり馬の背中を押してとぶ

とんだら素早く向きを変える

馬の子は声を出して回数を数える

■連続馬とび■　一定距離で競争やタイムトライアルをする。人数を増やしてもよい。

最初の子が馬をつくる

とんだら馬になる
馬と馬の間隔をとる

続けて馬とびを行う

■どこまで馬とび■　とんだ距離を競う。マットのぬい目や床の板目で見当をつける。

助走はせず、強く踏みきる

手でしっかり馬を押す

とんだ距離を確かめる

全身の力や敏捷性を高める運動

ケンケンずもう、バランスくずし

低・中

相撲は短い時間に全力を出す運動であり、足・腰・腕の力やバランス感覚が養われる。最初は身長順に行うが、繰り返すうちに力の優劣がわかってくる。そうなったら、個人対抗戦からチーム対抗戦へと発展させる。ルールは子どもの実態に応じて決めるとよい。

運動のポイント

■ケンケンずもう■　2〜3mのラインや円を引き、ラインの外に出されたり足をついたりしたら負け。

両手を組んで行う

合図で押し合う

ラインを越えたり足が床についたりしたら負け

両手を使って相手の胸を押す

衣服をつかまない、体をかわさない

■バランスくずし■　互いに手をつなぎ、合図で手を引いて相手のバランスを崩す。足が動いた方の負け。手をつなぐ代わりにロープを使ってもおもしろい。

足をくっつけて

足が動いた子の負け

ロープを使って

全身の力や敏捷性を高める運動
人運び

高

　人運びは、2～4人が組になって1人を運ぶ運動である。安全に行うために競争はせず、人を落とさずにゴールできるかどうかで評価する。

運動のポイント

■2人組■　運ばれる子は力を抜いておく。

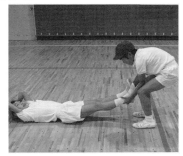

足を持って引きずる
運ばれる子は頭を打たないように
あごを引く

頭をかかえるとあごを
引きやすい

かついで運ぶ

■3人組①■

一人が後ろから脇に手を入れて抱え、もう一人が足を持って運ぶ

■3人組②■

2人で肩と腿を持って運ぶ。抱えられる子は2人の肩を持つ

■3人組③（スーパーマン）■

運ばれる子は前の子の肩に手をかける　　　　　ゆっくり前に進む

全身の力や敏捷性を高める運動

2人組の運動

中・高

運動のポイント

■背中合わせで立ち上がる■

背中合わせで座る

タイミングを合わせ、立ち上がる

背筋を伸ばす

つまずく動き

●背中が丸まり前傾する

●立つタイミングが合わない

■バランス■

足を伸ばして片足でバランス

お互いの足を持ってバランスを保つ

■ジャンケン開脚■　ジャンケンに負けたら開脚し、立っていられなくなったら負け。

ジャンケンをする

負けたら板目1枚分足を開く

負け

■ブリッジくぐり■　20秒間に何回ブリッジをくぐることができるか挑戦する。

2人一組になり、1人がブリッジをする

ペアの子がブリッジをくぐり、外側を回って素早く元の位置に戻る

またくぐる。ペアとの協力が不可欠

全身の力や敏捷性を高める運動
両足ジャンプ

低・中

　2人組で1人が長座の姿勢になり、もう1人がその上を両足をそろえて左右に素早くジャンプする。はじめは、下の子は長座の姿勢のまま。慣れてきたら、下の子の開いたり閉じたりする脚のリズムに合わせてジャンプする「グーパージャンプ」を行う。

運動のポイント

下の子は長座の姿勢　ジャンプする子は立って待つ　／　両足で反対側にジャンプする　／　次はその反対側にこれを繰り返す　／　慣れたら速く低くジャンプする

■グーパージャンプ■　下の子の足の開閉に合わせてジャンプする。

   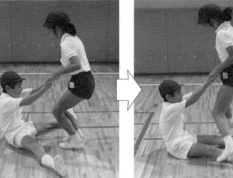

下の子は背筋を伸ばす　／　グーパーのリズムでとぶ　／　手をつなぐと安定する。「グーパー」や回数を声に出すとリズムをとりやすい

つまずく動きと指導のポイント

●下の子が膝を曲げていると危ない

下の子は膝を伸ばし、上の子は下の子から少し離れて、グーパーの動きを練習する

全身の力や敏捷性を高める運動
続けて走る　　高

一定の時間を同じペースで走ることがねらいである。ただし、走り終わったときに子どもが座り込んでしまうようなペースでは速すぎる。

運動のポイント

運動場のトラックを走って、自分のペースを見つける。ペアはタイムを計測する。

無理のないペースで

ペアが時間を教える

ゴールの後はゆっくり歩く

■クロスカントリー■　校庭や公園などを周回する。脈拍を測って無理のないペースをつかむ。

脈を測って、無理のないペースかどうかをみる

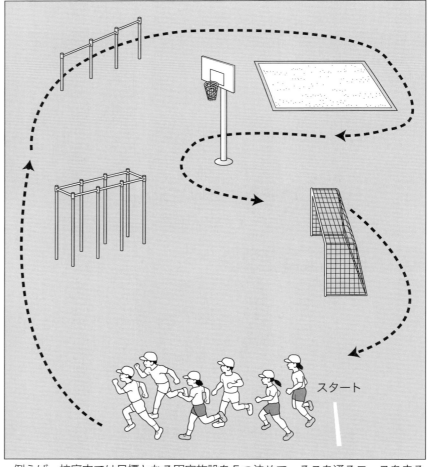
例えば、校庭内では目標となる固定施設を5つ決めて、そこを通るコースを走る

Ⅱ. 上体の力や逆さ感覚・高所感覚などを高める運動

上体の力や逆さ感覚・高所感覚などを高める運動
おんぶ、手押し車

低

運動のポイント

■おんぶ■　はじめに背負い方を確認する。最初は10歩もしくは10m程度歩いたら交替するなど、約束を決めて行う。転倒の危険を避けるため、走ったり競争したりしない。

背負う子は中腰に構え、背中を伸ばし、前を見る

背負われる子は相手の肩に手をかけて乗る

乗っている子の両腿を抱え、背中を伸ばして立つ

■手押し車■　腕支持力を高めるのに最適な運動である。まずは、手押し車の形を覚え、低学年では一定の距離（10m程度がめやす）を休まずに行けるかどうかに挑戦する。中高学年ではおりかえし形式にしたり、一定の距離を何秒で行けるか、一定時間に何m進めるかの目標を決めて挑戦したりする。

足を持ち上げる

腰・膝を伸ばして体を一直線に。肘をしっかり伸ばす

左右の手をゆっくり交互に動かす。押す子は相手のスピードに合わせる

つまずく動きと指導のポイント

 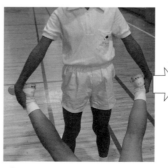 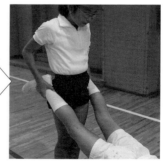

●膝と腰を曲げてしまう
⇒お腹に力を入れ、膝と腰を伸ばす

●手を腰から離すと揺れてしまう

手を腰につけるようにして持つ

上体の力や逆さ感覚・高所感覚などを高める運動

カエルの足うち

低・中

両手をマットにつけ、両足で踏み切って腰と足を上げ、足を1回打ち合わせる。だんだんと腰と足を高く上げ、1回の踏み切りで打てる回数を増やしていく。両腕で体重をしっかり支え、逆さの姿勢になれると足うちの回数が増えてくる。

運動のポイント

手を肩幅に広げ、肘を伸ばして準備する。視線は床に向ける

両足で踏みきり、腰をあげる。肘は曲げない

振り上げた足を素早く打ち合わせる

つまずく動きと指導のポイント

両腕に体重が乗ると腰が高く上がり、2・3回足を打つことができる

●あごをひいてしまい、腰が上がらない

手と手の間を見て姿勢を整える

■カエル逆立ち■

肩幅に手を着き、指を開く 肘の外側に膝をつける

前を見ながらゆっくり体重を前方に移し、床から少しずつ足を離す

両肘を軽く曲げ、肘の上に膝をのせる

上体の力や逆さ感覚・高所感覚などを高める運動

よじ登り逆立ち

低

壁に背中を向けた状態から床に手を着いて、両足で壁をよじ登って逆立ちの姿勢になる運動である。一人で、しかも簡単に逆立ちの姿勢になることができる。

運動のポイント

手を床に着け、前を見る

足を壁につけて上げながら、手をだんだん壁に近づける

お腹と足を一直線にする

◆片手を離してみよう

まずは両手でバランスとり、手を交互にマットから離してみる

片手を上げて隣の子とジャンケンをする

つまずく動きと指導のポイント

●肘が曲がって崩れる
⇒「肘に力を入れてごらん」

●手が肩幅より広い
⇒「手は肩の幅だよ」

●お腹が反る
⇒「お腹に力を入れて伸ばしてごらん」

●頭が中に入り込み壁を見てしまう
⇒「床を見よう」

上体の力や逆さ感覚・高所感覚などを高める運動

頭つき逆立ち

　頭つき逆立ちは、両手と頭をマットに着けて体を支えるため「三点倒立」ともいう。低学年の子でも容易に逆さまになることができる。

運動のポイント

手と頭をマットに着け三角形をつくる

膝を胸にくっつけるようにお尻を上げる

膝を曲げた姿勢でいったん止まる

足をゆっくり伸ばす

つまずく動きと指導のポイント

●頭が壁から離れる

●手と頭が三角形にならない

手や頭をつく場所に印をつける

●足を勢いよく振り上げてしまう

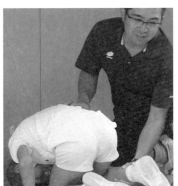

脇に立ち、腰が壁につくように持ち上げる

上体の力や逆さ感覚・高所感覚などを高める運動

壁逆立ち

中・高

　よじ登り逆立ち、カエルの足うちができるようになったら、壁逆立ちに挑戦する。はじめは補助を使って行うとよい。

運動のポイント

片足を後ろに引いて構える

手を振り下ろす反動で足を壁に振り上げる

指を開き、手全体で体を支える。視線は床へ

つまずく動きと指導のポイント

●立った姿勢から勢いをつけられない

床に手を着いた姿勢から足を振り上げる

●勢いが足りず、足が途中で戻ってしまう

●目線が下がり頭が腕の中に入ってしまう

◆壁と体の接触点

床に目標物（帽子等）を置く

振り上げ足を持って補助をする

頭と足の2点

頭だけ

壁から離れる

上体の力や逆さ感覚・高所感覚などを高める運動

三点倒立

中・高

マットに頭をついた頭つき逆立ちである。頭（頂点）と両手を結んだ線が正三角形になるようにマットにつく。はじめは腰を上げ、足が床から離れた状態でバランスを保つ。それに慣れてきたら足を伸ばして倒立の姿勢になる。

運動のポイント

頭と手を結んだ線が三角形になるように

膝を胸に引き寄せ、つま先立ちの姿勢になる

重心を頭に移動し、足をマットから離す

かかとをおしりにつけ、姿勢を保つ

慣れてきたら足を伸ばし逆立ちの姿勢になる

膝を少し曲げてバランスを保つ

◆三点倒立からブリッジ① 重ねたマットで

マットを重ねて

高いところで三点倒立の姿勢になる

背中の方に倒れ、ブリッジ姿勢になる

◆三点倒立からブリッジ② 平らなマットで

上体の力や逆さ感覚・高所感覚などを高める運動
連続壁逆立ち・補助倒立

高

逆立ちができるようになったら、発展として一定時間に何回できるかという連続壁逆立ちや仲間が支える補助倒立に挑戦する。

運動のポイント

■連続壁逆立ち■

「よーい」で構える。あらかじめマットに手を着いてもよい

「スタート」の合図で勢いよく足を振り上げる

両方の足が壁についたら1回と数える

10秒間で何回できたかな

■補助倒立■

逆立ちする子と支える子が向かい合う

手を振り下ろしてマットに手を着く

足を振り上げる

振り上げ足から支える

◆逆立ちカードの例　できたら○をぬる。

種目	秒	月日	
頭つき逆立ち	5	5/1	●
	10	/	○
	15	/	○
お手伝い逆立ち	5	/	○
	10	/	○
	15	/	○
	20	/	○
自分で逆立ち	5	/	○
	10	/	○
	15	/	○
	20	/	○

種目	秒	月日	
片手逆立ち右	5	/	○
	10	/	○
	15	/	○
	20	/	○
片手逆立ち左	05	/	○
	10	/	○
	15	/	○
	20	/	○
補助倒立	05	/	○
	10	/	○
	15	/	○

連続壁逆立ち

月　日	回　数
/	
/	
/	
/	
/	
/	
/	
/	
/	

上体の力や逆さ感覚・高所感覚などを高める運動
組み立て運動

　組み立て運動は、仲間と動きを合わせて行う運動である。1人の動きを組み合わせることで動きをつくることもできるが、ここでは2人で一定の形を表現する面白さを中心にしている。

運動のポイント

■サボテン■

肩に手を掛け、バランスをとりながら、足を乗せる

両足を乗せる。土台の子は重心をおしりに置く

膝を伸ばして立つ。土台の子は肘を伸ばしてバランスをとる

■帆掛け船■

下の子は腕を真上に伸ばす
上の子は前方に倒れ込む

下の子のあごのあたりを見ながら踏みきる

はじめは膝を曲げて姿勢を安定させる

姿勢が安定したら、膝を伸ばして逆立ちになる

10秒たったら背中の方に倒す

足からマットに着地する

31

上体の力や逆さ感覚・高所感覚などを高める運動

ロープ登り

低・中

　ロープ登りでは、肘を曲げて自らの体を引き上げる動きと、足をロープに絡ませて体を支える動きを身につけさせたい。ロープは不安定なため、体全体をうまく協応させる力が養われる。

運動のポイント

■ぶらさがり■

両手でロープをしっかり握る
自分の頭より高い位置を
つかんでおくとよい

両手両足を使ってロープにつかまり、10秒程度落ちないようにがまんする

■ロープ登り■

合図で登り始める

手足をうまく使って登る　　マットの上にゆっくり降りてくる

つまずく動きと指導のポイント

●肘が伸びてしまい体を
　支えられない

●ロープを足ではさむことが
　できない

補助をすることで
力を入れる感覚を
つかませる

上体の力や逆さ感覚・高所感覚などを高める運動

ターザン

低・中

　ロープにぶら下がって振り子のように揺らすターザンは、子どもたちが大好きな運動である。揺れる感覚を楽しむだけでなく、腕で自分の体重を支える力や、体幹に力を入れる「締めの感覚」を身につけるのによい教材である。

運動のポイント

■ぶらぶらターザン■

背中を壁につけてロープを握り、ジャンプする

揺れるロープにしがみつく

一定時間落ちないようがまんする

■走ってターザン■　はじめは歩いて、次には走って勢いをつける。着地をマットの上にするとおもしろい。

壁に背中をつけてロープを握る

走りながら握ったロープの少し上を握り直す

肘と膝を曲げ、ロープにぶら下がる（締めの感覚）

体を反転させ、壁に向く

つまずく動き

壁を蹴る

壁を蹴った勢いで大きく振る

●肘が伸びてしまう

●ロープの上をつかめず、低空飛行

33

上体の力や逆さ感覚・高所感覚などを高める運動

おさるのしっぽ

低・中

　おさるのしっぽは、ロープを握っている手よりも上に足を上げて、頭を下にした逆さの姿勢でロープにぶら下がる運動である。不安定な状態の逆さ感覚を身につけることができる。日常では味わうことがない感覚のため、子どもたちは喜んで取り組む。

運動のポイント

ロープをつかみその場でジャンプする

足を上げて頭を下げる

足でロープをはさむ

◆揺れるロープで　おさるのしっぽの姿勢に慣れたら、揺れるロープで行う。

壁に背中をつける

その場でジャンプして、足をロープにかける

おさるのしっぽの姿勢でロープを揺らす

つまずく動きと指導のポイント

●背中を反らすことができないので、足が上がらない

腰を支えて、足を上げやすくする

上体の力や逆さ感覚・高所感覚などを高める運動

ライオンとターザン

低・中

ライオンは素早く手足走りをしてターザンをつかまえに行き、ターザンはロープに登ってライオンから逃げる。ロープの上まで登ったり、おさるのしっぽを活用できたりするとよい。

運動の行い方

ライオンとターザンに分かれて待機

ライオンは合図でスタートし、ターザンを追う

ターザンは合図とともにロープを登り始める

ライオンにつかまりそうになったら

おさるのしっぽで逃げる

＜ルール＞

①ライオンチームとターザンチームに分かれる。
②教師の合図でスタートし、ライオンは手足走りでターザンを追い、ターザンはロープを登ってライオンから逃げる。
③ライオンはロープまで来たら、膝立ちで手を伸ばしてターザンにタッチする。ターザンはロープを上まで登ったり、おさるのしっぽで逃げる。
④ターザンにタッチできたらライオンの勝ち、ライオンから逃げ切ったらターザンの勝ち。勝った子は帽子の色を白に変える。
⑤一巡したら、ターザンとライオンを交替する。
⑥白帽子が多いチームの勝ち。
⑦対戦相手を交替して、再びゲームを始める。

上体の力や逆さ感覚・高所感覚などを高める運動

ダンゴ虫

低

　ダンゴ虫は鉄棒を両手で握り、肘を曲げて体を支える腕曲げ持久懸垂である。はじめは、ダンゴ虫の状態を何秒保つことができるかに挑戦する。次には、班対抗のリレーを行うとよい。腕支持の力や体幹に力を入れる感覚が身につく。

運動のポイント　　順手よりも逆手の方が力をいれやすい。

最初はぶら下がる

鉄棒の高さは顎の位置

肘を曲げ、膝を胸に近づける

つまずく動き

目の高さまで鉄棒がきたらおしまい

●顎や肘を鉄棒にかけてしまう

●肘が伸びて力が入らない

■**ダンゴ虫リレー**■　　4人1チームの対抗戦で行う。隣のチームとの競争でも、全チームの中での生き残り戦でもできる（写真は1つのチームの動き）。

先頭の子が前に出て始める

落ちたら次の子と交替

最後まで残ったチームの勝ち

上体の力や逆さ感覚・高所感覚などを高める運動

ふとんほしジャンケン、こうもりジャンケン

低

鉄棒に足や腕でつかまった状態で、班対抗のジャンケン勝ち抜き戦を行う。ぶら下がることで、自分の体を腕や足で支える力や逆さ感覚が身につく。

運動のポイント

■ふとんほしジャンケン■　前回り下りの途中に腰だけで鉄棒にぶら下がる。上半身の力を抜き、膝を曲げた姿勢を保つことができるよう意識させる。

前回り下りの途中で止まる

となりの子とジャンケンをする

鉄棒がおなかにあたると痛い

■こうもりジャンケン■

鉄棒を両手で握った状態からジャンプし、お尻を上げる

膝を掛けて逆さまになる

手を離してこうもりの姿勢になる

となりの子とジャンケンをする

◆ルールをアレンジ

<ルール①>
　一定時間（1分程度）同じ相手とジャンケンをする。勝ち数が多い方が勝ち（全員に同じ運動量を確保できる）。

<ルール②>
　違う2人に連続で勝ち抜いたら帽子の色を白にする。一定時間（2～3分程度）で白帽子の多いチームの勝ち。

上体の力や逆さ感覚・高所感覚などを高める運動

遊具遊び（肋木・ジャングルジム・登り棒・平均台）　低

高所で体を操作することをあまり経験していない子が多い。そこで、固定施設を使って体を支えたり、登ったり、とび下りたりする経験をさせる。はじめは、安心感が持てるように低い高さから行う。

運動のポイント

■肋木■

  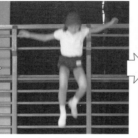 

肋木につかまって登る　／　一番上まで行く。登れない子は途中まででもよい　／　とび下りる　／　膝を柔らかく使い、着地する

■ジャングルジム■

外側から登る　／　頂上に上がったら立つ　／　内側から登ってもよい

■登り棒■

両手両足を使って　／　上まで登る　／　逆さま　／　逆上がり

◆ぶら下がる

肋木の一番上で

ジャングルジムで

登り棒で

■平均台■

平均台の上に立つ

ゆっくり進む

リングをくぐる

ドンジャンケン

渡る

落ちないようにすれちがう

前を見て渡る

ボールをキャッチ

パスをする

上体の力や逆さ感覚・高所感覚などを高める運動
とび上がり・とび下り

中・高

とび箱に手を着いて高いところにとび上がり、そしてとび箱からとび下りる運動である。両足で踏み切ること、両足で着地することを身につける。

運動のポイント

■とび上がり■

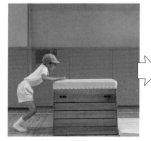
とび箱に手をついて踏み切る準備をする

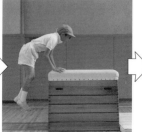
両足で踏み切ってジャンプとび箱を押してお尻を高く上げる

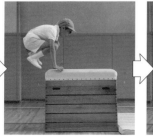
とび箱の上に足の裏で着地する

■とび下り■

とび箱の端に立つ

両足そろえてジャンプ

マットの上に膝を曲げて着地する

つまずく動きと指導のポイント

●怖がって正座で着地する
⇒段数を低くしたり、踏み切る場所を高くする

●着地でバランスを崩す
着地の目印をつける

40

III. 用具を操作する力や巧緻性を高める運動

用具を操作する力や巧緻性を高める運動

短なわ種目とび

低・中・高

　短なわとびは、室内、屋外を問わず手軽に行うことのできる運動である。練習に取り組んだ分だけ、技能の伸びが期待できる。

運動のポイント

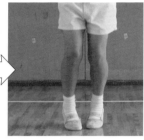

　前を見る　　　　　　　腰の高さで、手首を使っ　　膝は軽く曲げる　　　　つま先で軽やかに
　　　　　　　　　　　　て回す　　　　　　　　　　　　　　　　　　　　　　ジャンプ

　「短なわ種目とび」は、これまで練習してきたとび方を一定時間に数多くとぶ運動である。1種類のとび方（1種目）を10回程度とぶことができたら合格とする。

■あやとび■

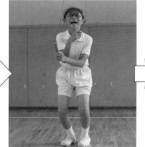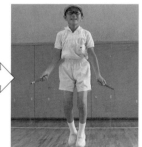

　　　　　　　　なわが頭の上を越えたら腕を交差させる。はじめは、腕を大きく開かせる

■交差とび■

交差した腕が高くなりやすいので、　●腕を上げると
へそ位置で回す　　　　　　　　　　ひっかかる

■後ろ回しとび■

腰の高さで、手首を使って回す。
つま先でジャンプする

■二重回し■

前回しでリズムをとる

やや高く跳躍し、2回目の回旋を速くする

つま先で着地して次に備える

■30秒とび■

30秒間で何回とべるか

数える子は足下を見る

30秒の間に80回程度とぶことができたら、二重回しを成功させることができる。

■腰抜け二重回し■

1回だけ二重回し

ジャンプボードの力を借りて

■階段二重回し■

腰抜け二重回しのあとに、前回しとびで体勢を整える

43

用具を操作する力や巧緻性を高める運動
長なわとび

低・中・高

　長なわとびは指導の系統性がはっきりしているため、つまずいても前の段階まで戻って指導することができる。また、集団的な達成感を味わうことができる教材でもある。

運動のポイント

なわの端を持つ

手に1，2回巻いて長さを調節する

肩を支点にして大きく回す

膝を曲げてリズムをつくる

■大波小波■　なわを左右に振る

左右に振るリズムに合わせてとぶ

慣れてきたら、なわを回してとぶ

■通り抜け■　入るタイミングを身につける

回旋するなわにタイミングを合わせて入り、そのまま通り抜ける

■1回ジャンプ■　とぶタイミングを身につける

通り抜けずに、なわを1回とぶ

 ポイント

■8の字とび■　子どもの動きの軌跡が8の字になる。

| なわを追いかけるように
スタートする | なわの中央をとぶ | とんだら回し手の横から
出る | タイミングがつかめない
子は、後ろから背中を押す |

■逆回し■　なわが下から自分に近づいてくる。走り抜けるようにするとよい。

| なわを見てタイミングを
はかる | なわが目の前を通過した
らスタートする | なわの中央を走り抜ける
ようにとぶ | なわの回し手のそばを抜
ける |

■ひょうたんとび■　子どもの動きの軌跡がひょうたんになる。

   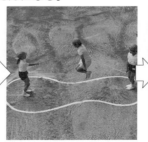

中央で、上からくるなわ（かぶり回し）、
下からくるなわ（むかえ回し）の両方をとぶ　　　　　なわに入った側に
走り抜ける

■ダブルひょうたんとび■　両側から同時にひょうたんとびをする。

用具を操作する力や巧緻性を高める運動
ダブルダッチ

高

　２本のなわをリズミカルにとぶ。回し手がなわを安定して回せることと、とぶ子がむかえ回しのなわに入ってとべることが、必須の条件である。

運動のポイント

◆**回し方**　一定のリズムで回し続けること。全員ができるようにしたい。

２本のなわの長さを合わせる　　　左右交互に回し徐々に近づく　　　なわが床にあたるまで近づく

◆**入り方**　むかえなわのタイミングに合わせると入りやすい。

手前のむかえ回しのなわをよく見る　　　奥のなわはかぶり回し　　　このタイミングで入るとよい

つまずく動きと指導のポイント

●なわに入るタイミングがわからない　　　背中を押す、声をかける　　　●高くとびすぎてしまう　　　１本のなわで、１回旋２跳躍でとぶ

46

なわ回しが安定し、1人で続けてとぶことができるようになったら、人数を増やしたりとび方を変えたりして、バリエーションを増やしていくとよい。

■人数とび■

| 1人目が入る | 間をあけず2人目、3人目と入る | 前後をつめて、なわが床についている場所でとぶ | 人数が多い場合は2列になる |

■8の字とび■

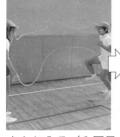    

| なわに入る（1回目のジャンプ） | 着地 | 2回目のジャンプ | 着地 | 3回目のジャンプでなわから出る |

◆8の字とび、ひょうたんとびととぶ回数

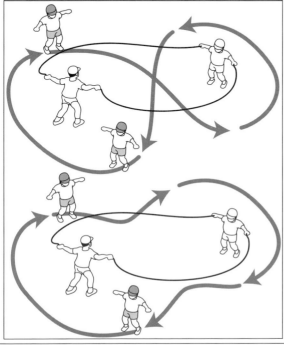

・8の字とびの場合は、奇数回とんで出る。
・ひょうたんとびの場合は、偶数回とんで出る。

■二重回し■

1回とんでいる間に両方のなわをとぶ

47

用具を操作する力や巧緻性を高める運動

短なわ2人とび

中・高

　2人組になり、動きを様々に組み合わせるので、なわとびの楽しみが広がる。いずれのとび方も、相手ととぶリズムを合わせることがポイントとなる。なわの本数を1本、2本と決めて扱うと子どもに分かりやすい。

運動のポイント

■1本のなわ■

◆2人が前後に
◆横に並んで
◆交互にとぶ

一人がとんでいるなわにもう一人がタイミングをあわせて入る

互いになわを持ち同時にとぶ

互いになわを持ち、1人ずつなわをとぶ

◆二重回し
◆2人で二重回し

とぶ子に合わせてなわを回す

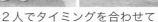
2人でタイミングを合わせて

■2本のなわ■

◆同時にとぶ
◆ずらしてとぶ

用具を操作する力や巧緻性を高める運動

2人とび、人数とび、2拍子とび

中・高

　長なわを様々な人数で一緒にとんだり、とぶ回数と出入のタイミングを組み合わせてリズムをつくったりする。8の字とびやむかえ回し、ひょうたんとびで行ってもよい。

運動のポイント

■2人とび■　2人ずつ手をつないで、なわの正面からとぶ。

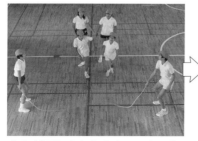  

なわが下にきたら2人でスタートする　　目印となる線の上でジャンプ。前に行きすぎない　　とんだら列の後ろに戻る

■人数とび■　なわの中でとぶ人数を決めて、何回連続でとべるかに挑戦する。

一列に並ぶ　　タイミングを合わせてジャンプ

■2拍子とび■　1人が中に入って2回連続とんで出るが、1回とんだところで次の子が入る。こうして、1人ずつずれてとぶことになる。とび方は両足とび。

1番目の子が入る　　前につめてもう1回とぶ。2番目の子が入る　　先頭の子が出て、3番目の子が入る

用具を操作する力や巧緻性を高める運動
組み合わせ長なわとび

高

運動のポイント

■**長短とび**■ 回旋する長なわの中で短なわをとぶ。1跳躍1回旋の前回しや後ろ回しは、短なわの子が長なわを見てとべるが、二重回しなどでは、長なわの回し手が短なわをとぶ子の足を見て回すことがポイントとなる。

長なわの中央に立ち、短なわを回す準備をする

「せーの」と声をかけ長なわと短なわを同時に回し始める

長なわの子は短なわの子をよく見てスピードを合わせる

あやとび・交差とび

二重回し

■**ボールとり**■ 長なわの中でとびながら、ボールの受け渡しをしたりボールをついたりする。その回数を増やすことが目標となる。

とんでいるときに素早くボールを投げ入れる

ボールをキャッチ

とびあがってボールを返す

とび上がりながらボールをつく

片手でも挑戦

用具を操作する力や巧緻性を高める運動
ボールを投げる・捕る

低・中

ボールを投げる・捕るの技能を身につけさせるには、動きのポイントを示し、一人ひとりに活動の量を保障する必要がある。一定時間あるいは一定回数、繰り返し行うとよい。

運動のポイント

■壁ぶつけ■　30秒から1分間、ボールを壁（体育館の壁や投球板）に向かって投げ、はね返ってきたボールをとって再び投げる。距離は能力に応じて3〜5m程度とする。

腕を引き、投げる手と反対の足を前に踏み出す

前方へ体重を移動させる

胸の高さ程度に引かれた線を目標に投げる

はね返ってきたボールをとる

再び壁に向かって投げる

つまずく動きと指導のポイント

●両足が揃ったり手と同じ足が前に出たりして、強く投げられない

●肘が後ろに引けず、ボールに勢いがない

⇒他の子のよい動きを見せて自分の動きと対比させ、違いを見つけさせる。

51

用具を操作する力や巧緻性を高める運動
投げ上げキャッチ

低

ボールを投げ上げてキャッチする。ボール投捕の技能はボール運動につながるため、ボール運動の学習の前にこれらの運動に取り組んでおくと、授業がスムーズにいく。

運動のポイント

両手でボールを真上に投げる　　　落ちてきたボールをキャッチ

◆地面をさわって

余裕ができたら、地面をさわってからキャッチ

◆1回転して

さらに余裕ができたら1回転してキャッチ

◆ジャンプして

ボールを高く投げる　　タイミングよくジャンプ　　一番高い所でキャッチ

◆背中から投げて

背中の後ろにボールを構えて　　前傾になってボールを投げる　　体の前でキャッチ

用具を操作する力や巧緻性を高める運動

キャッチボール

低・中

　ペアの子に向かってボールを投げる。相手が捕りやすい球のスピードとコントロールを身につけさせる。意図的にバウンドさせたり、様々な姿勢から投げたりすることも経験させるとよい。

運動のポイント

■**両手上投げ**　サッカーのスローインのように、両手を使って頭上から投げる。

頭の上にボールを構える

ボールを頭の後ろへ引く

投げる

■**両手下投げ**■　両手を使って腿の間から投げる。

腿の前にボールを構える

相手を見ながらボールを後ろに引く

相手を指さすようにして投げる

■**片手上投げ**■　上手投げでキャッチボールをする。

一歩踏み出して相手に向かって投げる

捕りやすい球を投げる。捕る子は構える

ボールを引き寄せるようにして、胸の前でキャッチ

53

用具を操作する力や巧緻性を高める運動

どこまでキャッチ

低・中

投げたボールを、落とさずにより遠くで捕ることに挑戦する。スタートラインからの距離を得点化することで目標を持たせる。まず1人投げ上げのどこまでキャッチを行い、次に2人組のどこまでキャッチボールを行う。

運動のポイント

前方に下手から投げる

落下地点へ走る

キャッチ

◆2人組で

相手が捕りやすいように投げる。指定の回数できたら一本後ろのラインへ

＜コート＞

5点	1m
4点	1m
3点	1m
2点	1m
1点	2m

スタートライン

用具を操作する力や巧緻性を高める運動

2人組バウンドキャッチ

中・高

ボールをキャッチする前に手をたたいたり、しゃがんだり、1回転したりしてボールを捕る。ボールを捕る前の動きを素早くする。

運動のポイント

◆手をたたいて

2人の間にボールをバウンドさせる

バウンドに合わせて手をたたく

ボールをキャッチ

◆しゃがんで

2人の間にボールをバウンドさせる

バウンドに合わせてしゃがみ、床をさわる

ボールをキャッチ

◆1回転して

2人の間にボールをバウンドさせる

1回転して手をたたく

ボールをキャッチ

用具を操作する力や巧緻性を高める運動
前転ボール捕り

高

　ボールを斜め前に投げ上げ、前転してからボールを捕る。投げる方向と距離、投げたボールを目で追わずにすぐ前転することがポイントとなる。ボールを捕った姿勢を点数化したり（例：おしりがマットについていたら１点、しゃがんで捕ったら２点、立って捕ったら３点）、○回中○回捕れたら合格などとゲーム化するとよい。

運動のポイント

ボールを両手で投げ上げすぐに前転をする　　前転の最後は落ちてくるボールを見る　　起き上がってボールを捕る

つまずく動きと指導のポイント

●とれない場所にボールが落ちる
⇒帽子など目安となるものを置く

●あわてて前転を失敗する
⇒余裕のあるボールを投げる

●ボールを見ていない
⇒上を見ながら立ち上がる

　ボールを捕ることを怖がったり、前転の後半でボールを見ることがうまくいかない子は、ボールを前からタイミングよく投げてもらいキャッチする練習をする。

用具を操作する力や巧緻性を高める運動

馬とびボール捕り

高

　ボールを斜め前に投げ上げ、馬とびをしてからボールを捕る。投げる方向と距離、投げたボールを目で追わず、すぐに馬をとぶことがポイントとなる。30秒間に何回捕れたかを班で競ったり、投げ方・捕り方を工夫したりするとよい。

運動のポイント

| 1人が馬をつくり、もう1人は馬の横に立つ | ボールを着地する位置に投げ、馬の背中に手をつく | 馬とびをしながらボールを目で追う | 着地してキャッチ |

発展 投げる高さを低くしたり、片手で捕ったり、空中で捕ったりする。

◆空中でキャッチ

| 両手で低く投げる | ボールを目で追いながらとぶ | 空中でキャッチする | ボールを持って着地する |

◆2つのボールをキャッチ

| 両手に2つのボールを持つ | 同じ高さと方向になるように投げる | 目で追いながら馬をとぶ | 両方のボールをキャッチする |

用具を操作する力や巧緻性を高める運動
リング

中・高

運動のポイント

◆転がす

2人で向かい合う

リングを倒れないように転がす

◆もどす

スナップをきかせ逆回転をかける

もどってきたリングをキャッチする

◆転がしキャッチ

2人で向かい合い相手に向かって転がす

途中で倒れたりぶつかったりしないように

◆くぐる

まっすぐ転がす

リングに当たらないようにくぐる

◆投げ上げキャッチ

リングを真上に投げ上げる

落ちてきたリングをキャッチ

◆キャッチリング

ペアの子に向かってリングを投げる

リングをキャッチ

リングを使って、転がす、回す、投げる、捕るなどの動作を身につける。個人やグループで動きを工夫させてもよい。ある動きができるかという達成的な扱いにしたり、定着した動きを競う扱いにしたりすることができる。

◆回す　一定時間回すことができたら、リングの本数を増やしていく。

　　腰　　　　　　　　腕　　　　　　　両腕　　　　　　　足首
　　⇩　　　　　　　　⇩　　　　　　　　⇩　　　　　　　　⇩

◆回しながら歩く　途中で回転が止まらないように

◆とぶ　なわとびのようにとぶ

リングの上部を両手でつかむ　　回ってきたリングをタイミング　　続けてとぶ
　　　　　　　　　　　　　　　よくとぶ

用具を操作する力や巧緻性を高める運動

Gボール

中・高

　Gボールに乗ってバランスをとったり移動したりしながら運動感覚を高めていく。運動自体が非常におもしろいので、子どもたちは興味を持って取り組みやすい。安全面の注意を忘れずに。

運動のポイント

◆**座る**　バランスをとる。

いすに座るように

片足を上げて

両足を上げて

◆**はずむ**

すわる

上下にリズムをとる

少しずつ前に進む

◆**乗る**

お腹をボールに乗せる

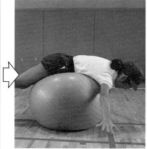
体重を前に移動してボールの上に乗る

◆**乗って移動する**

ボールを並べて

ボールの上を移動

IV. 体の柔らかさを高める運動
仲間と交流する運動

体の柔らかさを高める運動、仲間と交流する運動

ストレッチ

高

　ストレッチは、関節をまたいでいる筋肉や腱を伸展する運動である。10秒程度からはじめ、運動に慣れるにしたがって徐々に伸展時間を長くしていく。呼吸は、ゆっくり吐き、ゆっくり吸う。

運動のポイント

◆太腿の前側

片膝を曲げ、反対側の足を前に伸ばし、おしりが床につくように座る　　上体をゆっくり後ろへ倒す　　片足で立ち反対側の足を持って引っ張る

両足を開いておしりが床につくように座る　　上体をゆっくり後ろへ倒す

◆股関節の内側

両膝を曲げ足裏を合わせる　　両膝をゆっくり押して静止する　　上体を前に倒す

64

◆太腿の後ろ側

腰を下ろして足先を持ち

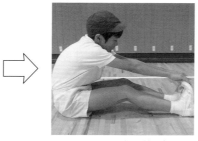
ゆっくり膝を伸ばす

上体を深く曲げて静止

◆体の背面

足を伸ばしたまま、両足先を頭の後ろの床につけ静止

◆手首

指先を膝に向ける

◆肩の周辺

頭の上で肘を曲げ、もう一方の手で下に引っ張る

体の前で腕を十字に組んで伸ばす

上体を前屈させ手を体の後ろで組む

◆くび

くびを前後に傾ける

くびを左右に伸ばす

体の柔らかさを高める運動、仲間と交流する運動
ブリッジ　　　低

ブリッジの方法を理解し、何秒できるかに挑戦する。5秒ごとに数えて伸びを確かめる。

運動のポイント

床に仰向けに寝て、親指が耳の方に向くように、手を耳の横に着く　　腰を上げて準備する　　膝と肘を伸ばし上体を持ち上げ、背中を反らす。顎を反らせて床を見る

つまずく動きと指導のポイント

● 指が外側に向き、肩関節の動きが違う
　⇒手を着く位置を確かめる

● 肘が伸びずに腰だけ上に上げようとする

腰を支える補助をして感覚をつかませる

発展

つま先だち　　片足を上げる　　手足を動かして進む

体の柔らかさを高める運動、仲間と交流する運動

ひっこぬき

低

　ひっこぬきは、鬼の子がサークルの中にいる子を引っこ抜くゲームである。中にいる子は引っこ抜かれないよう、がんばる。互いに助け合ってもよい。体育館のバスケットボールのサークルを利用して行う。

運動の行い方

サークルの線の上に並んで腰を下ろす

スタートの合図でおしりをつけたまま内側に逃げる

鬼は足を引っ張って中の子を引きずり出す

2人で引っ張ってもよい

手や頭を引っ張ってはいけない

中の子は立ち上がってはいけない

―＜ルール＞―

- 人数に応じて、鬼を2，3人決める。
- サークルの線の上におしりをのせて、スタートの合図を待つ。
- スタートの合図と同時におしりを床につけたまま、円の中央に集まる。
- 鬼は中の人の足を引っ張って、サークルの外に出す（鬼は足以外を引っ張ってはいけない。中の子はおしりを床から離したり、足をジタバタさせてはいけないが、互いに体を支え合ってもよい）。
- 引き抜かれた子は鬼になる。
- 中の子が「痛い」「苦しい」などと言ったら、鬼は手を離す。その子は外に出て鬼になる。
- 一定時間の後、サークルの内側に残っている子がチャンピオンになる。

体の柔らかさを高める運動、仲間と交流する運動
グランドキャニオン

高

　クライミングロープにぶら下がって、グループ全員が"川"に落ちないように向こう岸（とび箱）に渡れるかに挑戦する。子どもの実態に応じて、スタートラインからの距離やとび箱の高さを設定することが大切。集団で協力しあって目標達成をめざす運動である。

運動の行い方

順番を決めて並ぶ

ロープにつかまってとび箱に渡る

ロープをもどして次の子が渡る

"川"に落ちないよう協力する

体をささえてもOK

全員が渡り終えたら先生に合図

ポイント

とび箱の高さを上げて再び挑戦する

できるだけロープの上部をつかむ

体の柔らかさを高める運動、仲間と交流する運動

なわとびリレー

低・中・高

身につけたなわとびの技能を使って、なわとびリレーを行う。順位だけでなく応援や態度も評価する。全員がとべそうな種目を選択し、いろいろなリレー形式で行う。

運動の行い方

■回数型■　指定回数をとび、次の子と交替し、指定の回数に早く到達したチームの勝ち。できない子は違う種目をとぶ（例：二重回しとび10回＝前回しとび20回に換算）。

チームの子はとんでいる子の回数を数える

とびおわったら交替

■おりかえし型■　リレーの最終メンバーが早く戻ってきたチームの勝ち。

スタートを待つ

かけ足とびで進む

前とびで進む

■生き残り型■　最後までとび続けられたチームの勝ち。

失敗するまでとび続ける

引っかかったら次の子と交替する

とぶ子以外は並んで回数を数える

体の柔らかさを高める運動、仲間と交流する運動

ムカデ歩き、トンネルくぐり、ジャンプリレー

低・中・高

■ムカデ歩き■

4人で足を動かすタイミングを合わせながら前に進む。他の子の動きを感じ取り、自分の動きを調節することで、グループ全体で動きを合わせることをめざす。

しゃがんで前の人のおなかに手を回す

「せーの」の合図で前に進む。互いに声を掛け合う

列がとぎれないように

つまずき 下の動きが見られたらやり直す。

●列が途切れてしまう

●立ち上がってしまう

ゴールしたらスタート位置に走って戻る

■トンネルくぐり■　人のトンネルをくぐって先に進む。

トンネルをくぐる

くぐったらトンネルをつくる

最後の子がくぐり終わったら先頭の子からまたくぐる

■ジャンプリレー■　長座をリズミカルにジャンプして先に進む。

最初の子が長座の姿勢になる

次の子はそれをとんで長座になる

これを繰り返して先に進む。座る間隔が近すぎないように

V. 体つくりの授業実践例

体つくりの授業実践例
マットを使ったおりかえし

　おりかえしの運動の途中にマットを敷いて、動きに変化をつける。例えば、行きはマットの上で前回りや後ろ回りを行い、帰りはマットをジャンプで越す。

マットのサイズは60cm×120cm

行きはマットの上で前転をする

帰りはマットをふまないようにジャンプ

活動のポイント　動物歩きを取り入れると、いろいろな姿勢からの前回りが経験できる。

◆クマ

クマになって走る

腰の位置が高いまま前転をする

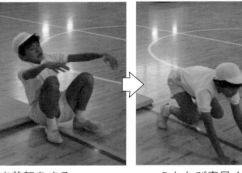
ふたたび素早くクマになる

◆うさぎ

大きな動作でうさぎとび

体を前方に投げ出しながら前転につなげる

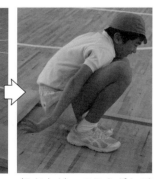
起き上がってうさぎとびをする

■関所ジャンケン■

　おりかえしの運動を繰り返していると、スピードの差で順位が決まってくる。そこで、途中に「関所ジャンケン」を取り入れ、偶然性を加味する。4人程度のグループ対抗戦で競い、1人がおりかえしのラインに座り、相手チームとジャンケンする。勝ったらすぐに戻れるが、負けた時はその場で罰ゲーム（カエルの足うちなど）を行う。終わったチームには手を挙げさせると、判定が容易になる。

合図でスタートする

相手が待つ関所まで行く

ジャンケンをする

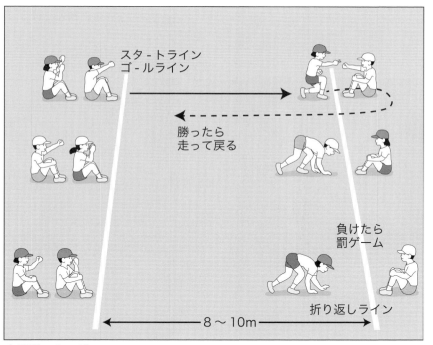

負けたらその場で罰ゲームをする。

◆罰ゲームの例

カエルの足うち

グーパージャンプ

短なわとび

よじのぼり逆立ち

体つくりの授業実践例
ボールを使ったおりかえし

　ゲームやボール運動の領域では、動きながらボールを操作することが多いので、投げる・捕る・けることと合わせて、技能差が少ない低中学年からこうした運動を経験させておきたい。実際に技能を発揮する状況に近づけて、ボール運動の時間の中で取り組むとよい。

◆手でドリブルして

ボールを床について前に進む（初めはやりやすい手で）　　左右の手で交互にやってみる　　最後はパス（ワンバウンドさせてもよい）

◆足でドリブルして

ボールを前方にけりながら前に進む　　ボールはできるだけ体の近くにあるように　　おりかえして戻ってきて、最後は転がしてパス

足の裏で転がしながら　　左右の足を交互に　　おりかえして戻ってきて、最後はパス

◆2人組ではさんで

ボールを２人ではさんで

歩く

お腹とお腹で

背中と背中で

お腹と背中で

◆パスをつないで

両手でパス

パスをしたら前方に動く

パスを受け取る

足でパス

パスをしたら前方に動く

パスを受け取る

体つくりの授業実践例

ジャンケンゲーム

任意の対戦相手とジャンケンをして、勝ったら決められた運動を行う。一定の人数に勝ったらよしとする。個人戦やチーム対抗戦、男女対抗戦というように、バリエーションを増やすことができる。

◆チーム対抗戦の例

相手を見つけてジャンケン

勝った子が運動をする

負けた子は数を数える

運動が終わったら次の対戦相手を探す

3人に勝ったら集合場所へ。人数の多いチームの勝ち

◆勝ったときに行う運動の例

おんぶ

手押し車

グーパージャンプ

トンネルくぐり

馬とび

カエルの足うち

よじのぼり逆立ち

体つくりの授業実践例

入れ替え戦方式

　体力向上や技能向上といった運動への目的意識を持つことができる中高生であればよいが、小学生の子どもたちでは、同じ運動をただ繰り返していては飽きてしまう。そこで取り入れるのが競争やゲームである。回数を比べてみたり距離や時間を競ってみたりと、その方法は様々ある。そうした競争を盛り上げる方法の一つに、入れ替え戦方式がある。

　入れ替え戦方式は、競争（ゲーム）をして勝つと一つ上の組（コート）に移動し、負けたら一つ下の組（コート）に移動するというものである。これを繰り返していると、次第に同程度の技能の子（チーム）同士が競争するようになり、どちらにも勝つチャンスがあるため非常におもしろくなる。

◆8チームの場合の行い方
①競争を行う場を、AからDの4箇所設ける。Aを一番強い（速い）グループの競争場所とし、BCDの順で弱い（遅い）グループの競争場所とする。
②4つの競争場所にランダムに2チームずつ入り、勝ったら一つ上に移動し、負けたら一つ下に移動する。Aで勝てばAに残り、Dで負ければDに残る。

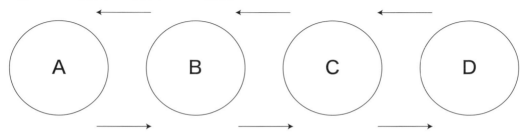

◆個人の場合の行い方（1箇所に3～4人）
　1位が一つ上（強い）の組に上がり、最下位が一つ下（弱い）の組に下がる。それ以外の子は同じコートに残る。

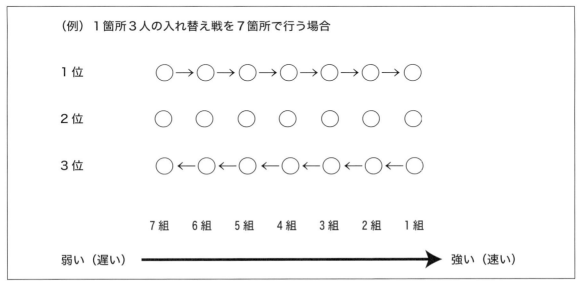

　入れ替え戦方式は、ジャンケンゲームのように何度も同じことを繰り返して行う場合や、ボール運動などで総当たりができない場合に用いるとよい。また、短距離走（かけっこ）などの個人の運動にも適している。

体つくりの授業実践例

サーキット形式

　4～6か所程度の運動の場を用意し、それぞれの場でペアか1人で運動を行う。一定の時間が経ったら、指定された場に移動する。発達段階によっては機械的にローテションさせてもよいが、ジャンケンなどゲームの要素を取り入れることによって、子どもたちの意欲を高めることができる。

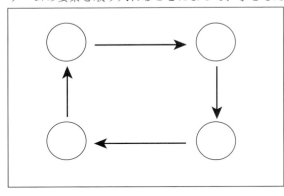

◆運動の例

・カエルの足うち

・馬とび

・グーパージャンプ

・おんぶ

・手押し車

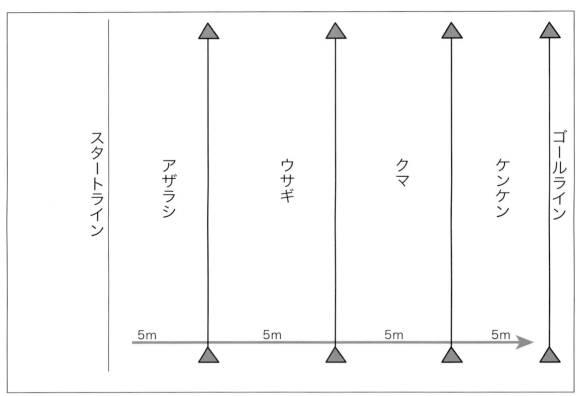

①まずスタートラインに並ぶ。
②合図で隣の子とジャンケンをし、勝ったらアザラシで次のラインまで進む。同様に勝ち進んできた子とそこでジャンケンをし、勝ったらウサギで次のラインまで進む。こうしてゴールをめざす。ジャンケンに負けたら一つ前のラインに戻って、そこにいる子とジャンケンをする。
③ゴールしたら1点獲得。再びスタートラインに戻って、ジャンケンから始める。
④制限時間の中で点数を一番多く獲得した子がチャンピオン。

学習カード

短なわ種目とび								

年　　組　　番　名前 _____

しゅもく	回	/	/	/	/	/	/
前まわし	50						
後ろまわし	50						
あや　前	10						
あや　後ろ	10						
こうさ　前	10						
こうさ　後ろ	10						
サイドクロス　前	10						
サイドクロス　後ろ	10						
二重まわし　前	10						
二重まわし　後ろ	10						
あや二重　前	10						
あや二重　後ろ	10						
こうさ二重　前	10						
こうさ二重　後ろ	10						
三重回し　前	10						
三重回し　後ろ	10						
合　計							
30秒前とび（回）							
30秒後ろとび（回）							

合計得点のもくひょう　4年＝100点

※連続で何回とべたかを記録します。10回以上つづけてとんでも点数は10点です。
　たくさんのしゅもくに挑戦して、点数を増やしましょう。

■著者紹介

眞榮里　耕太（まえさと　こうた）

1980年　沖縄県に生まれる
2006年　早稲田大学大学院人間科学研究科修了
筑波大学附属小学校非常勤講師，早稲田実業学校初等部非常勤講師を経て，
2007年4月より筑波大学附属小学校教諭，現在に至る

・筑波学校体育研究会理事，初等教育研究会会員

【著書】
『写真でわかる運動と指導のポイント　とび箱』大修館書店，2008年（共著）

＜小学校体育＞写真でわかる運動と指導のポイント　体つくり
Ⓒ K.Maesato 2017　　　　　　　　　　　　　　　　　　　NDC375／79p／26cm

初版第1刷発行	2017年3月10日
著　者	眞榮里　耕太
発行者	鈴木一行
発行所	株式会社 大修館書店 〒113-8541　東京都文京区湯島2-1-1 電話03-3868-2651(販売部) 03-3868-2298(編集部) 振替00190-7-40504 [出版情報] http://www.taishukan.co.jp
装幀・本文レイアウト	阿部彰彦
印刷所	横山印刷
製本所	難波製本

ISBN 978-4-469-26810-2　　Printed in Japan
Ⓡ本書のコピー，スキャン，デジタル化等の無断複製は著作権法上での例外を除き禁じられています。本書を代行業者等の第三者に依頼してスキャンやデジタル化することは，たとえ個人や家庭内での利用であっても著作権法上認められておりません。